AF151163

BEI GRIN MACHT SICH IHR WISSEN BEZAHLT

- Wir veröffentlichen Ihre Hausarbeit,
  Bachelor- und Masterarbeit

- Ihr eigenes eBook und Buch -
  weltweit in allen wichtigen Shops

- Verdienen Sie an jedem Verkauf

Jetzt bei www.GRIN.com hochladen und kostenlos publizieren

Jakob Penner

Erich Kästner. Eine Persönlichkeit der Weimarer Republik

GRIN Verlag

Bibliografische Information der Deutschen Nationalbibliothek:

Die Deutsche Bibliothek verzeichnet diese Publikation in der Deutschen National-
bibliografie; detaillierte bibliografische Daten sind im Internet über http://dnb.d-
nb.de/ abrufbar.

Dieses Werk sowie alle darin enthaltenen einzelnen Beiträge und Abbildungen
sind urheberrechtlich geschützt. Jede Verwertung, die nicht ausdrücklich vom
Urheberrechtsschutz zugelassen ist, bedarf der vorherigen Zustimmung des Verla-
ges. Das gilt insbesondere für Vervielfältigungen, Bearbeitungen, Übersetzungen,
Mikroverfilmungen, Auswertungen durch Datenbanken und für die Einspeicherung
und Verarbeitung in elektronische Systeme. Alle Rechte, auch die des auszugsweisen
Nachdrucks, der fotomechanischen Wiedergabe (einschließlich Mikrokopie) sowie
der Auswertung durch Datenbanken oder ähnliche Einrichtungen, vorbehalten.

Impressum:

Copyright © 2013 GRIN Verlag GmbH
Druck und Bindung: Books on Demand GmbH, Norderstedt Germany
ISBN: 978-3-656-76658-2

Dieses Buch bei GRIN:

http://www.grin.com/de/e-book/282112/erich-kaestner-eine-persoenlichkeit-der-
weimarer-republik

GRIN - Your knowledge has value

Der GRIN Verlag publiziert seit 1998 wissenschaftliche Arbeiten von Studenten, Hochschullehrern und anderen Akademikern als eBook und gedrucktes Buch. Die Verlagswebsite www.grin.com ist die ideale Plattform zur Veröffentlichung von Hausarbeiten, Abschlussarbeiten, wissenschaftlichen Aufsätzen, Dissertationen und Fachbüchern.

Besuchen Sie uns im Internet:

http://www.grin.com/

http://www.facebook.com/grincom

http://www.twitter.com/grin_com

Universität Paderborn

Institut für Literaturwissenschaft

Wintersemester 12 / 13

Hausarbeit

Erich Kästner – eine Persönlichkeit der Weimarer Republik

Jakob Penner

6. Semester LA GS

Deutsch, Gesellschaftswissenschaft

Inhaltsverzeichnis

0. Die Arbeit fängt noch gar nicht an, oder: Einleitende Worte:

Schon als ich mich für das Seminar „Erich Kästner" (E.K.) angemeldet habe, stand für mich fest, dass ich über Kästner eine Hausarbeit schreiben würde.

Bereits als Kind hegte ich Sympathie für seine Kinderbücher, vor denen ich heute Achtung habe. Meine „literarische" Liebe gilt bis heute mehr dem Comic-Stil, sodass es für mich schon als Kind seltenst in Frage kam, einen Roman zu lesen. Als jüngeres Geschwisterkind von einem älteren Bruder und einer älteren Schwester, hatten wir eine kleine Kinderhausbibliothek, in der ich nach bunten optischen Reizen (Comics) selektierte. Doch der humorvolle Stil E.K. und seine vertrauensvolle Art über, von und für Kinder zu schreiben, sind besondere Merkmale des beliebten Kinderbuchautors, die es schafften, mich als Kind an seine Bücher zu fesseln, die bekanntlich mehr Text als Illustrationen beinhalteten. Somit verdanke ich E.K. meine Aussagen als 8-9-jähriges Kind: „Ich habe ganz alleine ein ganzes Buch gelesen." Zwar hatte ich innerhalb meiner Grundschulklasse eine Klassenlektüre gelesen, jedoch war die Lesemotivation extrinsisch, sodass ich meine o.g. Aussage auf „Emil und die Detektive" fokussiere.

Als ich mich für meine mündliche Prüfung in Literaturwissenschaft vorbereitet habe und eines der Prüfungsthemen ebenfalls „Erich Kästner" war, hat mich besonders seine Schaffenszeit zwischen seinem Studium und dem Beginn des 3. Reiches imponiert.

Die Person E.K. ist Bestandteil des deutschen Allgemeinwissens. Jedoch wird er von den meisten Mitgliedern der Gesellschaft heutzutage „nur" auf seine Kinderbücher beschränkt. Durch seine Kinderbücher ist E.K. zwar berühmt, um nicht zu sagen, unsterblich geworden, jedoch waren sie „nur" ein kleiner Teil seines Lebens, den er teilweise nebenbei ausgeübt hat. Ein Beispiel: während er an „Fabian" arbeitet, erschafft er nebenbei in Rekordzeit den Kinderroman „Pünktchen und Anton". Seine Arbeit neben der als Kinderbuchautor zog zu seinen Lebzeiten durchaus weitere Kreise.

E.K. hat mal gesagt: „Es gibt nichts Gutes, außer man tut es." In dieser Hausarbeit soll es um E.K´s. Jahre von 1927-1933 gehen, die innovativste Zeit in seinem Leben:[1] Die „goldenen 20er Jahre", die auch seine 20er Jahre waren, oder anders gesagt: die Zeit in der Weimarer Republik. Was E.K. Gutes in dieser Zeit geschafft hat bzw. schaffen wollte, was er politisch dachte, wie er meinungsbildend sein wollte, sollen Schwerpunkte dieser Arbeit sein.

---

1   Vgl. Doderer, Klaus: Erich Kästner Lebensphasen-politisches Engagement-literarisches Wirken, S.143

1. Als ich ein Erich Kästner war, oder: Kästners Biographie

E.K. wird am 23. Februar in Dresden geboren. Vielfach wurde behauptet, dass er ein uneheliches Kind von Ida Kästner und Emil Zimmermann, der jüdische Hausarzt der Familie, sei. Doch diese Behauptungen sind durch jüngste Erforschungen aus Kästners Nachlass überzeugend in Frage gestellt,[2] sodass man annehmen darf, dass das Ehepaar Kästner die leiblichen Eltern von E.K. gewesen sind.

Emil und Ida Kästner leben in ärmlichen Verhältnissen. Damit etwas mehr Geld in die Haushaltskasse kommt, vermieten sie ein Zimmer ihrer Wohnung. Die Untermieter sind oft Lehrer, die Erich imponieren und in ihm den Wunsch hegen, denselben Beruf zu erlernen. In der Volksschule ist E.K. zum sehr großen Stolz seiner Mutter ein Musterschüler und schon 1913 geht er seinem Berufswunsch nach und besucht aus finanziellen Gründen „nur" ein Lehrerseminar, welches er 1917 abschließt. Im selben Jahr wird der gelernte Lehrer in den Militärdienst eingezogen, kehrt 1919 allerdings wegen einem Herzleiden wieder zurück und beginnt nach dem sog. Kriegsabitur in Leipzig mit seinem Studium. Er studiert Germanistik, Philosophie und Theatergeschichte[3]

Schon während seines Studiums fängt E.K. an zu publizieren. Er arbeitet für die „Neue Leipziger Zeitung", bei der er 1923 Redakteur wird. Mit 26 Jahren promoviert er. Ein Jahr später wegen seiner radikalen Ansichten bei der Redaktion entlassen. Somit zieht E.K. 1927 nach Berlin, wo er bis zum Ende des 2. Weltkrieges lebt und arbeitet.[4]

Der Doktor der Philosophie arbeitet in Berlin als freier Mitarbeiter bei den wichtigsten Zeitungen und Zeitschriften, lernt Freunde wie z.B. Walter Trier (sein langjähriger Illustrator) kennen und veröffentlicht neben Gedichtbände auch erste Kinder- und Erwachsenenromane.[5]

---

2 Vgl. Hübener, Erich Kästners Kinder- und Jugendbücher in der GS u. SEK I, Band 4, S. 3
3 Ebd.
4 Ebd.
5 Ebd.

Aufgrund seiner pazifistischen Haltung erhält E.K. unter den Nationalsozialisten Publikationsverbot, woraufhin er öfter unter Pseudonym schreibt oder sich Verleger außerhalb Deutschlands sucht. Außerdem werden einige seiner Werke bei der Bücherverbrennung am 10. Mai in Berlin verbrannt. Als einziger Autor wohnte er diesem Ereignis persönlich bei. 1943 bis Kriegsende 1945 erhält E.K. Schreibverbot für das In- und Ausland.[6]

Nach etlichen gescheiterten Beziehungen, geht er 1935 eine partnerschaftliche Beziehung mit Luiselotte Enderle, eine Journalistin, ein. Diese Lebensgemeinschaft hält bis Kästners Tod.

Nach Kriegsende zieht E.K. nach München um und gründet unter anderem die Jugendzeitschrift „Pinguin", das Kabarett „Die Schaubude und etwas später auch das Kabarett „Die kleine Freiheit". Schriftstellerisch arbeitet er immer wieder erfolgreich weiter und wie auch schon in Berlin, werden etliche seiner neuen Werke verfilmt.[7]

1951 stirbt E.K. seine Mutter. (Nicht nur) Aus den gesammelten „Muttchen-Briefen geht hervor, dass die Beziehung zu seiner Mutter, die ihre ganze Energie in die Kindheit ihres Sohnes investiert hatte, sehr eng und vertrauensvoll war. Erst nach ihrem Tod wurde auch das Verhältnis zu seinem Vater enger, der 1957 starb.[8]

Kurz vorher wird Thomas geboren, der E.K´s. einziges Kind ist und aus der Beziehung mit Friedhilde Siebert hervorgeht.[9]

Ebenfalls im Jahr 1957 wird E.K. für zehn Jahre Präsident des PEN-Klubs und engagiert sich für deutsche Schriftsteller international.

In den 70er Jahren wird es etwas ruhiger um ihn, weil er gesundheitliche Zusammenbrüche erlebt. Jedoch publiziert der in die Jahre gekommene E.K. noch bis wenige Jahre vor seinem Tod 1974 in München.[10]

---

6 Vgl. Hübener, S. 4
7 Ebd.
8 Vgl. Meier, Bernhard: Von Emil bis Fabian, S. 167
9 Vgl. Hübener: S. 4
10 Ebd. S.5

2. Ihr sollt nicht gut sein, sondern vernünftig, oder: Kästner denkt anders

E.K. ist Zeit seines Lebens ein Denker gewesen. Durch Kindheit und Studium geprägt, bleibt er seinen Idealen und Ansichten treu und kämpft dafür.[11] Sein Denken ist revolutionär, seine Ansichten und Vorstellungen nicht jedermann Sache und seine Veröffentlichungen stoßen häufig auf Empörung. Er sah sich selbst als Kritiker seiner Zeit sowie Vertreter der Verantwortungsethik.[12]

Als E.K. 1927 mit 28 Jahren in die deutsche Hauptstadt Berlin zieht, ist er zuvor als Redakteur bei der Leipziger Zeitung gekündigt worden, weil er einen „unsittlichen" Text veröffentlicht hatte. Von seinen Idealen überzeugt, schreibt er bereits einige Jahre danach (1931) im Stil der „neuen Sachlichkeit" den Erwachsenenroman „Fabian", in dem er seine moralischen Ansichten vertritt. In einer sittenlosen Gesellschaft versucht er ein „ironisches Sittengemälde" zu schaffen, damit sie „nicht in den Abgrund laufe, indem sie dem Rattenfänger nachlaufen".[13]

Auch politisch hat der Satiriker einen festen Standpunkt. Sogar in seinen Kinderromanen lassen sich politische Ansichten zwischen den Zeilen lesen.[14] Als Verfechter republikanischen Denkens, hat er einen Weitblick für das Ende der Weimarer Republik (siehe „Fabian").

Rollenbilder gilt es für E.K. aufzubrechen. Der Zeitgeist stärkt ihm dabei den Rücken, denn in den zwanziger und dreißiger Jahren gerät das Rollenbild der traditionellen (Haus-)Frau ins Schwanken. Das Hausmütterchen, welches ihr Dasein ganz der Erziehung und Versorgung der Kinder, Besorgungen im Haushalt und ehefraulichen Pflichten widmete und die ohne Ehemann finanzielle Probleme haben und auch weniger wert sein würde, geht plötzlich in eine andere Richtung. E.K. stellt Frauen stets emanzipiert dar. Frauen, die beruflich Erfolg haben (z.B. in „Pünktchen und Anton"), Frauen, die aufgrund einer (damals verpönten) Scheidung oder durch den Tod des Ehemanns alleinerziehend sind (z.B. in „Das doppelte Lottchen" oder „Emil und die Detektive") und Frauen, die selbstbewusst sind.

Laut Fred Rodrian zwei-teilt Kästner „die Welt in eine schlechte, hoffnungslos-reale Welt der Erwachsenen [...] und in eine integre, gute Welt der Kinder, [...]".[15] Eher

11 Vgl. Doderer, S.105
12 Haywood, Susanne: Kinderliteratur als Zeitdokument, S. 70
13 Vgl. Meier, Bernhard: S. 170 + 171
14 Vgl. Fischer, Gerhard (Hg.): Erich Kästner Jahrbuch Bd. 4; S. 59
15 Doderer: S. 141

anklagenden Charakter haben dementsprechend seine Werke, adressiert an die Erwachsenen. Mit „heile Welt-Geschichten" unterhält E.K. dagegen seine jüngeren Leser.

In den nächsten vier Unterpunkten möchte ich diese Themen etwas näher erläutern.

2.1. Ich setze mich gern zwischen Stühle, oder: Kästner als Schriftsteller für Kinder und Erwachsene

„E.K." und „Kinder" sind zwei Begriffe, die, wenn es um Kästner geht, meistens zusammen in einem Satz genannt werden. In Wirklichkeit hat der berühmte Schriftsteller den Kontakt zu Kindern nicht angestrebt, er nahm sie jedoch ernst.[16] Allerdings hat er Zeit seines Lebens eine hohe Meinung über Kinder. Mit seiner guten Meinung über Kinder steht er nicht alleine dar und ist auch nicht der erste, der sich für die Meinung und Rechte von Kindern interessiert bzw. engagiert. Gedanklich richtet er sich z.B. nach Janusz Korczak. Dieser wollte ein Demokratiemodell in der Form einer Kinderrepublik erschaffen. In seinem „Weißen Haus" (Waisenhaus) gab es ein Kinderparlament mit Kameradschaftsgericht.[17] Einrichtungen, die Kinder in ihrer Souveränität wachsen ließ, sie ernst nahm und mit Erwachsenen auf einer Ebene stellt. Man dürfe „die Jugend nicht zur Vorstufe fürs Erwachsensein degradieren, sondern müsse als absoluter Wert erkannt und anerkannt werden."[18]

Der Grund für Kästners Sympathie zu Kindern besteht u.a. darin, dass eine neue Gesellschaft herangezogen werden soll, die vernünftig und human ist. Ja, er beschäftigt sich soviel mit Gesellschaft, wie sie ist und wie sie sein könnte, dass er sich eine Gesellschaft voller

„wunderbarer Harmonie, ein Utopia, in dem Toleranz und Akzeptanz herrschen" ausmalt „und diese republikanischen Eigenschaften nicht vor den Kindern Halt machen, in dem ihnen vielmehr die gleichen Rechte wie den Erwachsenen zugebilligt werden und ihnen dadurch das Zutrauen gegeben wird, eine „gültige" Meinung zu haben und vernünftige Urteile entwickeln zu können."[19]

---

16 Vgl. Doderer, S. 131
17 Ebd. S. 128 f
18 Doderer S. 139
19 Vgl. Doderer, S. 129 f

E.K. sieht die Jugendlichen und Kindern nämlich als „potentielle Partner seiner Gedanken und Phantasiegebilde", meint, dass es nur die Kinder sein könnten, denen man ein neues Verständnis von Gesellschaft einprägen könnte, weil nur sie soweit zu beeinflussen sind, dass man sie „zur Vernunft" bringen könne und betont deswegen auch immer wieder ihren „eingelagerten gesunden Menschenverstand".[20]

In Paul Hazard findet E.K. einen Gleichgesinnten. Was ihn am meisten an Hazards eingenommen hat, ist der Versuch die Souveränität von Kindern beim Urteilen in der Wahl der Lektüre zu belegen.[21] Sprich: Kinder entscheiden selbst, welche Bücher gut sind.

Ebenso sind Kindern in jeglichen Entscheidungen noch frei in ihrem moralischen und ästhetischen Handeln, weil sie nicht wie Erwachsene durch eine Massengesellschaft geprägt sind, die von Kapitalismus und Konkurrenzorientierung beherrscht wird. Für alles bestehende Unheil sind demnach die Erwachsenen schuld. E.K. schafft damit den Mythos von einem einsichtigen, hilfsbereiten, vernünftigen und sozial handelnden Kind.[22] Demnach gibt es eine „Grenzlinie [...] genau dort, wo Kinder und Erwachsene sich trennen. Die Kinder können Konflikte noch vernünftig lösen, sie können die defekte Erwachsenenwelt noch reparieren."[23]

Fred Rodian, ein marxistischer Kritiker, sieht darin einen großen Irrtum Kästners. Seiner Meinung nach übersieht Kästner, „dass auch für Kinder Güte nicht genügt, um gut zu sein."[24] Doch E.K. geht es einfach nur darum, die Welt etwas zu verbessern, indem man die Erziehbarkeit der Menschen in Frage stellt.[25]

„Er will den Wert von echten Freundschaften zeigen, will demonstrieren, was Freiheit bedeutet, er will an das Gewissen appellieren, Erinnerungen bewahren, Glücksvorstellungen wach halten und Humor nicht vergessen."[26]

---

20 Ebd. S. 132
21 Vgl. Doderer, S. 137
22 Ebd. S. 140
23 Ebd. S. 144
24 Doderer, S. 141
25 Vgl. Doderer, S. 144
26 Ebd. S. 145

In seinen vier Schaffensjahrzehnten hat E.K. im Gegensatz zu seiner Erwachsenenliteratur „nur" 19 Kinderbücher geschaffen. Diese Kinderbücher enthalten teilweise auch Problemstellungen (z.B. Thema Scheidung in „Das doppelte Lottchen"), in denen Kästner als Pionier der problemorientierten KJL gilt, doch haben sie immer ein Happy End und sind durchtränkt von Optimismus.[27]

Solidarität und Hilfsbereitschaft sind das beginnende Konzept für „Emil und die Detektive".[28] Kästner greift diese beiden Gedanken immer wieder für seine nächsten Kinderbücher auf und sie ziehen sich meiner Meinung nach durch das Leben von E.K. wie ein roter Faden. Es sind Gedanken, die er auch in seiner Erwachsenenliteratur thematisiert, jedoch ist die Art und Weise der Vermittlung eine andere. Seine Gedichte, Feuilletons, Romane, Zeitungsartikel, etc. die für die Gesellschaft der Erwachsenen gedacht sind, enthalten stets gegenwartsbezogene und sozialkritische Themen, die E.K. mit satirischen Pfeilen auf seine Leserschaft abschießt.[29]

Seine Art für Erwachsene zu schreiben ist vielseitig. Er bedient sich jedoch überwiegend den Stil der „Neuen Sachlichkeit" als epochale Richtung der 20er- / 30er Jahre und Gegenbewegung des Expressionismus. Somit beruft er sich auf „die Prinzipien ästhetischer Rationalität, Funktionalität und Perspektivität.[30] E.K. schreibt nüchtern und sachlich. Illusionen fehlen und das Pathos ist rar. Tatsachen werden in emotionsloser Sprache serviert.[31]

Zeitzeugen berichten über den Stil von „Fabian":

„Das Tempo der Erzählung ist zügig, es erfolgen schnelle Szenenwechsel. Zu konstatieren sind einfache, parataktische Syntax mit vielen Dialogen, durchsetzt mit Humor, Witz, Ironie, Sarkasmus, Schlagfertigkeit, Schnoddrigkeit, alltagssprachliche Wendungen. [...] spöttischer Charme, elegante Schärfe, witzige Präzision, epigrammatischer Hohn, melodiöse Lyrik, vernünftige Leidenschaft der Sprache und Gedanken."[32]

---

27 Ebd. S. 144
28 Ebd.
29 Vgl. Doderer, S. 141 und 143
30 Vogel, o.A.d.S.
31 Vgl. Meier, S. 172
32 Meier, S. 173

2.2. Primaner in Uniform, oder: Kästners politische Ausrichtung

Als E.K. 1927 in Berlin sein neues Zuhause findet, hat er seine Erfahrungen als Redakteur der Leipziger Zeitung schon gesammelt und weiß, wie er aktiv am Prozess der Meinungsbildung in der Gesellschaft teilnehmen kann.

Kästner lässt keine Gelegenheit aus, der Gesellschaft seinen sogenannten „Zerrspiegel"[33] vorzuhalten. Sogar in seinem ersten Kinderroman „Emil und die Detektive" bindet er schon politische Bezüge ein und werden wie bereits in Punkt 2 erwähnt auch in etlichen anderen seiner Kinderromane erneut auftreten. So z.B. die Situation in „Emil und die Detektive", als Petzold den Befehl des „Professors" nicht gehorcht. Emil schlägt vor, wie im Reichstag eine Abstimmung zu machen.[34]

Kästner, ein bekennender linksliberaler Demokrat, hat ein politisches Ideal vom Menschenbild. Aus der Goethezeit leitet er sich seine Wertmaßstäbe aus dem idealistischen Humanismus her.[35] Er hat eine Vorstellung von einer offenen Gesellschaft mit humanen Werten. Eine Gesellschaft, in der alle Mitglieder gleichberechtigt sind, allen das gleiche zugute kommt und wo es keine elitäre Gruppen gibt.[36] Mit seiner pazifistischen Einstellung protestiert er gegen Schillers Aussage: „Auf dem Felde ist der Mann noch was wert." und bekommt als engagierter Verfechter der ersten deutschen Republik neue Hoffnung auf eine sich friedlich entwickelnde neue Gesellschaft.[37] Kästner merkt jedoch recht schnell, dass die Weimarer Republik auf relativ wackeligen Beinen steht, sodass er an die Durchsetzung des demokratischen Prinzips zweifelt und begründet Angst vor einer Remilitarisierung und auch vor einen Rückfall in die alten Strukturen mit einem autoritären Obrigkeitsstaat hat. Um sich dagegen zu wehren, wenn diese neuen Strukturen zu bröckeln begannen, sei es wenn die Meinungsfreiheit in Gefahr war oder sich antidemokratische Stimmen erhoben, erscheint er in der Öffentlichkeit und hält dagegen. Katherine Roper ist der festen Überzeugung, dass E.K. gerade in der Zeit, als die Weimarer Institutionen infrage gestellt wurden, eine echte demokratische Stimme war.[38] So plädiert er als Urenkel der „deutschen Aufklärung" z.B. für den „gesunden Menschenverstand" und propagiert diesen Begriff in jeder

---

33 Vgl. Meier, S. 170
34 Vgl. Kästner, Kästner für Kinder, S. 77
35 Vgl. Doderer, S. 125
36 Ebd. S. 114
37 Vgl. Doderer, S. 116
38 Vgl. K. Rode in E.K. Jahrbuch Bd.4, S. 51

möglichen politischen Diskussion zur Erhaltung der Republik.[39] 1931 versucht E.K. die Aufmerksamkeit der deutschen Gesellschaft mit dem Roman „Fabian" zu erlangen. Die ursprünglich gewünschten Titel „Sodann & Gemorrha" (Anspielung auf „Sodom & Gomorrha") oder „Der Gang vor die Hunde" wurden zu seinem Bedauern vom Verlag nicht akzeptiert,[40] hätten jedoch Kästners Vorahnung auf den Verlauf der deutschen Geschichte schon im Titel widergespiegelt. Der Roman bezieht sich mit vielen autobiographischen Grundzügen hauptsächlich auf die gegenwärtige Situation in der Weimarer Republik. Sei es politisch oder moralisch. E.K. stellt Deutschland provokant, gekonnt, satirisch und öffentlich an den Pranger. Er ahnt das Ende der Weimarer Republik, welches nur 1 1/5 Jahre später durch die Machtübernahme Hitlers Realität wurde.

Seine Idealpolitik ist sehr einfach. Die Volksvertreter sollen ihren Verstand im Sinne der Aufklärung gebrauchen und nach ihrem Gewissen frei entscheiden![41]

Mit seinen Überzeugungen kann sich E.K. weder politisch rechts noch eindeutig links einordnen. Er wettert gegen die Allmachtgewährung für die Partei der Kommunisten und der daraus resultierenden Einengung der Freiheit des einzelnen Bürgers, den linken Sozialisten wirft er vor, dass sie ihre ästhetische Selbstständigkeit verlieren, weil sie die Kunst in den Dienst politischer Programme stellen.[42]

Allerdings entstehen auch Widersprüche im politischen Denkens Erich Kästners. Einerseits setzt er sich

„für die Respektierung der freien Entfaltung des einzelnen und für den staatlichen Schutz der Freiheit des Individuums ein, anderseits aber auch für die Abschaffung von sozialen, klassenbedingten Abstufungen und für die ökonomische Umverteilung des Besitzes in Notzeiten."[43]

Wenn sich nun jemand Kästners soziale und demokratische Vorstellungen in einem Werk zusammengefasst finden möchte, so müsste das Buch „Die Welt des William Clissold" von Herbert George Wells zur Hand genommen werden. In Wells findet Kästner einen politischen Seelenverwandten. Sein Buch beeindruckt ihn im Jahr 1928 und seine Ideen für eine bessere Welt, besonders die von einer „Weltrepublik", sind ein Schlüsselerlebnis für den 29-jährigen E.K.. Die Macht des Verstandes steht auch bei

---

39 Vgl. Doderer, S. 117
40 Vgl. Meier, S. 166 ff
41 Vgl. Doderer, S. 119
42 Ebd.
43 Ebd. S. 120

Wells im Mittelpunkt. Die Revolution sei nur von oben zu erwarten.[44] Für das sogenannte „Weltbürgertum" plädiert Kästner. Die Jugend solle sich die Mentalität von Weltbürgern aneignen und alle (Landes-)Grenzen zu Fall bringen.[45]

Dass Kästner vehement gegen Krieg ist, bringt er nicht selten in Gedichten zum Ausdruck. Teilweise mit Zeilen, die ihm Nationalisten nie verziehen haben. So schrieb er z.B. in einem Gedicht: „Wenn wir den Krieg gewonnen hätten" mit dem Schluss „Zum Glück gewannen wir ihn nicht". Oder „Primaner in Uniform".[46]

2.3. Die Zeit ist schwarz, ich mach euch nichts weiß, oder: Kästners Moralverständnis

E.K. versteht sich selbst als Moralist. Allerdings ist er ein *resignierender* Moralist. Denn als angeblich uneheliches Kind und später Vater eines unehelichen Sohnes verschweigt er seine eigene Lebensauthentizität. Durch seinen Anspruch an Moral und Ideal und seinem aufklärerischen Drang der Öffentlichkeit eben diese kundzutun, ist er oft der Anlass für Missverständnisse und Kritik.[47] Er schreibt gegen sittliche Bevormundung, macht im nächtlichen Sündenbabel (Berlin) Jagd auf Gegensätze und preist das erotische Leben „auf eigene Gefahr". Aber er ekelt sich vor dem „Schmutz" im „Saustall"[48](was soviel heißen soll wie, er ekelt sich vor der Unmoral in der Gesellschaft).

In diesem Zusammenhang darf „Fabian" wiederum nicht fehlen, in dem sich der junge Intellektueller auf den Sittenverfall der deutschen Gesellschaft konzentriert und seine moralischen Vorstellungen verarbeitet. Er will die Gesellschaft warnen, denn er strebt eine Welt an, in der Moral immanent sein sollte.[49] Er selber sagt über das Buch:

„[...]Das vorliegende Buch, das großstädtische Zustände von damals schildert, ist kein Poesie- und Fotografiealbum, sondern eine Satire. Es beschreibt nicht, was war, sondern es übertreibt. Der Moralist pflegt seiner Epoche keinen Spiegel, sondern einen Zerrspiegel vorzuhalten. [...] Wenn auch das nicht hilft, dann hilft überhaupt nichts mehr. [...][50]

Außerdem versteht er „Fabian" selbst als „ein ausgesprochen moralisches Buch".[51]

Einige der abgeschlossenen Kapitel zu dem Buch werden, wahrscheinlich weil sie zu

---

44 Vgl. Doderer, S. 121 ff
45 Ebd. S. 124 ff
46 Vgl. Vogel, Harald: Erich Kästner lesen. S. 158
47 Vgl. Vogel, o.A.d.S.
48 Ebd. o.A.d.S.
49 Vgl. Meier, S. 171
50 Vgl. Vogel, o.A.d.S.
51 Vgl. Meier, S. 170

anstößig oder sittenlos sind, vom Verlag ersatzlos gestrichen bzw. zensiert.[52]

Der Roman schwankt zwischen „Hoffnung und Verzweiflung" und bezeichnet die Zeit als amoralisch und korrupt. Er erregt wegen erotischer Passagen Aufsehen. Auch das publizistische Engagement gegen den Rechtsdruck und der sozialen Not finden bei der Leserschaft Anklang.[53]

Die Romanfigur Fabian und sein Freund Labude agieren in dieser Zeit und fungieren als doppeltes Identifikationsmodell (bereits als „autobiographisch" erwähnt). Fabian ist im Gegensatz zu seinem aktiven Freund der passive Beobachter. Der letztliche Tod beider Figuren, deutet darauf hin, dass die Moral in der bestehenden Gesellschaft nicht bestehen kann.[54]

Ein Erfinder, der im Roman seinen Platz findet, erschafft eine Maschine, die eine Reihe von Arbeitern arbeitslos macht. Nachdem er aufständische Demonstrationen der arbeitslosen Arbeiter, die von Polizisten niedergeprügelt wurden, mit ansehen musste, weigert er sich weiterhin derartige Maschinen zu entwickeln und landet, nachdem er vorerst zum Vagabund wurde, im Irrenhaus. Die Moral liegt hierbei im Schuldgefühl des Erfinders. Es zermürbt ihn, dass er daran Schuld ist, dass seine Mitmenschen ihre Arbeit verloren haben.[55]

Eine besondere Szene, bzw. Figur in „Fabian" bildet Irene Moll. Fabian lernt sie in einem Etablissement kennen, das der Anbahnung von Beziehungen dienen soll. Als Fabian und Moll schließlich in ihrem Schlafzimmer ankommen, betritt unverhofft ein Mann das Zimmer, der sich als ihr Ehemann entpuppt. Er erläutert Fabian einen innerehelichen Vertrag, in dem die Vertragspartnerin sich verpflichtet, jeden Menschen, mit dem sie in intime Beziehung zu treten wünscht, zuvor ihrem Gatten vorzuführen. Spricht dieser sich gegen das Vorhaben aus, ist Frau Moll angewiesen unverzüglich auf ihr Vorhaben zu verzichten. Ein Vergehen wird mit einer Kürzung von einer Hälfte der finanziellen Monatszuwendung bestraft. Fabian verlässt daraufhin fluchtartig das Haus und gibt erneuten Anfragen von Irene Moll nicht nach, weil er ein Moralist ist.[56] Wenn man nun diese Situation beobachtet, erkennt man, dass das Ehepaar Moll beide in den Augen Kästners unmoralisch handeln. Herr Moll nutzt seine finanzielle Macht aus, um

---

52 Ebd. S.167
53 Vgl. Vogel, o.A.d.S.
54 Vgl. Meier, S. 172
55 Fabian, o.A.d.S.
56 Ebd. o.A.d.S.

seine Frau doch noch an sich zu binden. Nach außen hin scheint die Ehe also aufrecht zu sein. Sie benutzt wiederum seine Abhängigkeit von ihr, um ihre sexuellen Begierden auszuleben.

Dass Kapitalismus und kommerzielles Denken ebenfalls unmoralisch sind, macht Kästner in „Emil und die Detektive" deutlich, als die „Detektive es ablehnen mit sich Reklame zu machen, obwohl es dafür neue Anzüge und Fußbälle geben würde. Für E.K. gehören Reklame und kommerzielle Zwecke zum Amerikanismus. „Ein sich modernisierendes Deutschland muss sich einen humaneren Weg bahnen."[57]

Als 1926 ein Junge auf tragische Weise bei einer Rettungsübung ums Leben kommt, treibt es in E.K. Wut gegen alle verantwortlichen Instanzen auf. Für ihn ist diese Aktion eine „Farce", ein gefährliches Spiel mit Macht und Menschen. Lehrer hatten die Übung zu einer moralischen Pflicht erklärt und die Mitarbeiter des Roten Kreuzes trieben alle zögernden Jungen ins Wasser. Die öffentliche Reaktion und Erklärung: der Junge sei auf dem Schlachtfeld der Ehre gestorben.[58]

Ebenfalls im Jahre 1926 wird zum Schutze der Jugend vor schlechten literarischen Einflüssen das Schmutz und Schund-Gesetz erlassen. E.K. kämpft energisch gegen diese Verabschiedung.[59] In dieser Hinsicht ist er also für Pornographie.

Kästner selbst wechselt besonders in der Weimarer Zeit die Frauen.[60] Die neue freizügige Mode und das neue aufkommende Rollenbild der Frau in den 30er Jahren sind Umstände, die E.K´s. Sichtweise diesbezüglich untermauern.

2.4. Herr Ober, bitte eine andere Frau, oder: traditionelle Frauenrolle – denkendes Geschlecht???

Durch den geschichtlichen Hintergrund sind viele Frauen in der Weimarer Republik gezwungen ihre traditionelle Rolle als „Hausmütterchen" zu verlassen. Während des 1. Weltkrieges, als die Männer in den Krieg zogen, sind es die Frauen, die anfangen müssen das Geld zu verdienen und die Lücken auf dem Arbeitsmarkt auszufüllen. Als Frau erwerbstätig zu sein, war vorher undenkbar gewesen. Ihre Aufgabe bestand einzig und allein darin, den Haushalt zu führen und Kinder zu bekommen bzw. zu versorgen. Durch die gegebenen Umstände führt das Angestelltenverhältnis der Frau in der

---

57 Vgl. Rode, S. 63
58 Ebd. S. 60
59 Vgl. Doderer, S. 118
60 Vgl. Vogel, o.A.d.S.

Weimarer Republik nun aber auch zu einem neuen Selbstbewusstsein. Das Rollenbild hat sich geändert. Der sogenannte „Bubikopf" verdrängt die langen Haare, die langen Kleider müssen sportlich, eleganter Kleidung weichen, welche erstmals nicht das Knie bedecken und das Leben wird nicht mehr ausschließlich von der Familie bestimmt. Das neue Weiblichkeitsideal zeigt Damen, die sich am Nachtleben beteiligen, rauchen, Charleston tanzen und sogar Drogen konsumieren. Jungfräulichkeit vor der Ehe und die generelle sexuelle Frage verlieren zunehmend ihre moralischen Grenzen und werden immer ausschweifender. (Diese Fakten sind kleine Überbleibsel eines von mir besuchten Seminars „Die goldenen 20er", von Prof. Dr. Öhlschläger in der UPB. Deswegen habe ich keine Literaturangaben dazu.)

Dieser Lauf der Zeit ist für E.K. eine willkommene Vorlage, die er in seine Bücher aufnimmt, unterstützt und gutheißt.

Ich habe nicht alle Bücher von E.K. gelesen, doch in denen, die ich kenne, werden die Frauen meist als emanzipierte und mitdenkende Personen dargestellt.

„Das doppelte Lottchen" ist, wie ich finde, ein Paradebeispiel dafür, auch wenn E.K. den Roman erst in München nach Ende des 3. Reiches geschrieben hat.

Entgegengesetzt der traditionellen Frauenrolle ist Luiselotte Körner, die geschiedene Mutter von Luise und Lotte, eine angestellte Bildredakteurin bei der Münchner Illustrierten. Sie verdient also ihr eigenes Geld, das für eine alleinerziehende Mutter unentbehrlich ist.[61] Letztlich ist sie es auch, die als *Klügere* gegen Ende des Romans im kleinen Zwietracht mit ihrem Ex-Mann die Versöhnung erwirken kann, damit eine erneute Heirat zwischen den beiden entstehen kann.[62]

Fräulein Gerlach ist eine Dame, die ebenfalls in dem Roman eine nicht geringe Rolle spielt. Sie ist die Geliebte von Ludwig Palfy, der Vater von Luise und Lotte. Die Sympathien spielen nicht auf ihrer Seite, weil sie das Glück der Zwillinge stört, jedoch verkörpert besonders sie das neue Bild der Frau. Sie besucht die Oper, ist fein gekleidet und mit allerlei teuren Accessoires ausgestattet und raucht.[63] Sie besitzt die Kühnheit, ihren Geliebt zur Rede zu stellen und ihm Mitten ins Gesicht zu sagen, ob er denn ein Komponist oder ein Klavierlehrer für kleine Mädchen sei. Der Autor selbst beschreibt sie als gebildet und „geistig hoch stehende Persönlichkeit" die weiß, was sie will.[64] Mit

---

61 Vgl. Kästner, Erich: Das doppelte Lottchen, S. 55
62 Vgl. Kästner: Das doppelte Lottchen, S. 160
63 Ebd. S. 76 ff und 152
64 Ebd. S. 94 ff, 107 und 120

ihrem Charme und Ehrgeiz gelangt sie auch beinahe an ihr Ziel. Sie will, dass Ludwig Palfy sie heiratet. Den Antrag bekommt sie sogar. Ihre „Waffen" verfehlen nicht ihre Wirkung.[65]

Dass Frauen in Kästners Literatur so positiv dargestellt werden, liegt im Wesentlichen daran, dass er eine hingebungsvolle und aufopfernde Mutter hatte. Sie ist die Person, die besonders an dieser Stelle nicht fehlen darf. Sie stellte den Anspruch an sich selbst, dass sie die vollkommene Mutter für ihren Sohn sein wollte und um dieses Ziel zu erreichen, konnte sie auf niemand anderen Rücksicht nehmen. Laut E.K. erreichte sie dieses Ziel, weil sie so energisch war.[66] Als ihr Mann seine Arbeit verlor, stürzte sie sich selbst in noch mehr Arbeit, um es Erich finanziell zu ermöglichen auf ein Lehrerseminar zu gehen. Neben dem Nähen, erlernte sie zusätzlich den Beruf einer Friseuse.[67]

Als E.K. aus seinem Elternhaus fortzieht, bleibt er mit seiner Mutter in sehr regen Briefkontakt. Er teilt ihr alles mit. Sogar seine Privatsphäre und sein Intimleben.[68]

Parallelen zu Ida Kästner gibt es deshalb in sehr vielen seiner Romane. Am beeindruckendsten wiederum in „Emil und die Detektive". Die Mutter von Emil könnte eine Kopie von Kästners Mutter sein. Sie ist Friseuse, hat viel zu tun und ist ebenfalls sehr besorgt um ihren Jungen.[69] Andere Frauenrollen in den Kinderbüchern sind gemischte Darstellungen von seiner Mutter und der modernen Frau (siehe beide Mütter von „Pünktchen und Anton", der 35. Mai, das doppelte Lottchen, etc.).

---

65 Ebd. S. 113
66 Vgl. Vogel, o.A.d.S.
67 Ebd. o.A.d.S.
68 Vgl. Meier, S. 167
69 Vgl. Kästner, Kästner für Kinder, S. 27

3. Weil man doch bloß über Dinge schreiben kann, die man kennt und gesehen hat, oder: „Fabian" mit Bezug auf Solidarisierung und Einzelkämpfertum

Ich habe diese Überschrift gewählt, weil der Roman „Fabian" die bereits oft erwähnten Parallelen zu Kästners Leben beinhaltet. Als Rückschluss auf den Roman gehe ich davon aus, dass E.K. sich als Einzelkämpfer in einer Welt wiederfindet, in der er selber nicht weiß, ob er aktiv oder passiv der Situation in der Weimarer Republik entgegentreten soll. Er probiert es mit einem Roman. Und der zeigt Reaktionen.

In diesem Zusammenhang wollte ich auch kurz das gegenwärtige SPD-Mitglied Thilo Sarrazin erwähnen. Als Autor des Buches „Deutschland schafft sich ab" schaffte er es auf die Bestseller-Liste und wurde heiß umstritten. E.K. und Thilo Sarrazin haben beide eine Vorahnung auf die Entwicklung Deutschlands. Denn bei solchen Themen wird die große Kluft zwischen dem Willen der Volksmehrheit und dem der Eliten peinlich offenbar. Die Wahrheit möchte man nicht wahr haben. Vielleicht bleibe ich mit diesen Aussagen nicht neutral, möchte aber eher preisgeben, dass mich Personen, die öffentlich ihre Meinung kundgeben, obwohl sie ganz genau wissen, dass v.a. die Obrigkeit des Staates, die Medien und andere führende Instanzen Kontra geben werden, schwer beeindrucken und meinen Respekt haben.

Wie bereits erwähnt, geht es in Kästners Kinderbüchern immer um Freundschaft und Solidarität. Um letzteres dreht sich auch „Fabian". Es wird vermutet, dass Fabian auf den römischen Konsul und Diktator Quintus Fabius Cunctator zurückgeht. Dieser hat besonders bei militärischen Auseinandersetzungen gezögert und ging ihnen lieber aus dem Weg.[70] Damit wären die wesentlichen Charakterzüge von Jakob Fabian schon gut erläutert. Um Passivität und Aktivität zu vereinen, erfindet der Autor eine Korrespondenzfigur, Stefan Labude. Fabian und Labude werden Freunde, denen eine große Solidarität bezüglich der Weimarer Republik und ihre Umstände verbindet.

Kästner weiß wovon er redet, weil er die geschriebenen Szenen größtenteils selber erlebt hat. Im folgenden versuche ich eine kleine Zusammenfassung der gemeinten Stellen zu verfassen. Diese und auch andere fiktive Situationen des Romans bezeugen, dass E.K. gegen Unmoral, politische „Fehlentscheidungen", Intrigen, etc. ankämpft.

Zum Leidwesen seiner Mutter raucht Fabian viel. Ein Herzleiden hat er wahrscheinlich aus seiner Zeit im Militär mitgebracht. Er arbeitet in Berlin und bewegt sich aufgrund

---

70 Vgl. Meier, S. 167

seines Berufes (Germanist) unter Journalisten, Redakteuren, Setzern und Verlagsangestellten. Im Verlauf des Romans wird er allerdings entlassen. Sein Kontakt zu seiner liebevollen und aufopfernden Mutter besteht wegen der räumlichen Trennung im häufigem Briefwechsel.

Sowohl bei Fabian als auch bei seinem Freund Labude gehen die Beziehungen zu einer Frau in die Brüche. Fabians Beziehung zu Cornelia Battenberg scheitert, weil sie ihn mit einem Filmproduzenten betrügt. (Kästner vermutete bei seiner großen Liebe zu Ilse Beeks ähnliches.) Fabians Umgang mit dem anderen Geschlecht ist seitdem unsicherer und nur noch von sexueller Natur (, was man E.K. aber nicht genau so nachsagen kann).

Stefan Labude hat übrigens Wesenszüge von E.K´s. Klassenkamerad Ralph Zucker verliehen bekommen, der als angehender Mediziner von Mitstudierenden belogen wird, dass er eine Teilprüfung nicht bestanden hat. Daraufhin nimmt sich Zucker das Leben. Labude ereilt das gleiche Schicksal als er als angehender Germanist von einer angeblichen Ablehnung seiner Habilitationsarbeit über Lessing erfährt. (E.K. wollte ursprünglich auch über Lessing promovieren.[71])

Politik ist ein Thema womit sich die beiden Freunde viel beschäftigen. Während Labude als Systemkritiker positiv Macht gegenüber eingestellt ist und mit seinem Ehrgeiz das bestehende System reformieren will, indem er an politischen Veranstaltungen teilnimmt, bezweifelt Fabian, dass sich Macht und Vernunft vereinbaren lassen. So bleibt er als passiver Beobachter im Hintergrund und ist der Meinung, dass sich der Mensch an sich ändern muss.

E.K. weiß, dass sich in der Weimarer Republik politisch etwas ändern muss. Wie man allerdings die Reformation anfachen könnte, daran verzweifelt er. Einerseits glaubt er an den „aufklärerischen Geist" und somit an die Vernunft, anderseits weiß er (glaube ich) selber nicht richtig, wie man mit Macht umgehen sollte. Als Lösung sieht er die beiden gegenteilige Charaktere Fabian und Labude. Beide kämpfen für die gleiche Sache. Sie kämpfen aber alleine, weil sie verschiedene Ansichten und Strategien verfolgen. Prophetisch (im Sinne der Weimarer Republik) schaut Kästner in die Zukunft und lässt beide Figuren am Ende nicht bestehen.

---

71 Vgl. Doderer, S. 109

4. Auch aus Steinen, die dir in den Weg gelegt werden, kannst du etwas Schönes bauen, oder: Fazit

Ist es E.K. nun gelungen „etwas Gutes" zu tun? Ich finde ja.

Durch seine Kinderbücher kann er die Realität natürlich nicht umbiegen, aber wenigstens bleibt der Schein über wirtschaftliche Stabilität und unbedrohter sozialer Harmonie gewahrt.[72] Neben dem Erfolg mit Kinderbüchern und dem, dass Kinder zum Lesen angeregt werden, schreibt Kästner, wie er selbst bekannte, die Kinderbücher als eine Art Therapie für sich selbst, da er damit der eigenen Neigung zur Harmonisierung entgegenkommen kann. In der Nachkriegszeit ist die Bevölkerung zwecks Verdrängung viel offener für Unterhaltungslyrik.[73] Für E.K. ist es somit ein Leichtes seinen Lesern diesen Wunsch zu erfüllen. Da sich viele Menschen zu der Zeit leicht beeinflussen lassen, zieht er alle Register, um ihnen auch politisch eine Meinung zu vermitteln. Dass er aber das Schicksal Weimars nicht abwenden konnte, lehrt uns die Historie.

Die Themen der Weimarer Republik gehören der Vergangenheit an und sind dementsprechend nicht mehr so such-aktuell wie ein gutes, bewährtes Kinderbuch. Ich glaube, dass das ein entscheidend großer Grund ist, warum seine übrigen Werke und Schriften in der Gegenwart nicht mehr so präsent sind.

Aber warum sind seine Kinderbücher denn immer noch aktuell, auch wenn sie schon zwischen 47 und 84 Jahre alt sind? Die Antwort finden wir in dem eigentlich Spannendem und Reizendem für Kinder, das über die Zeit hin bestehen bleibt. Kästner wählt Themen, die *nicht* altern: Kinder stehen als nicht hilflose Wesen im Mittelpunkt. Sie fassen z.B. einen Dieb. Sie zeigen den Erwachsenen, dass sie auch zu etwas fähig und nicht zu unterschätzen sind. Kästners Nähe zum kindlichen Leser ist auch nach seinem Tod in seinen Büchern gegenwärtig und fast zum greifen nahe. Zwar werden Einzelheiten und Requisiten im Laufe der Zeit überholt,[74] doch sind sie nicht entscheidend und können bzw. werden z.T. durch Neuverfilmungen aktualisiert.

Hut ab! also vor einem Mann, der trotz Ktitik und Kontra aktiv seine Meinung publik gemacht hat. Hut ab! vor einem Mann, der besonders Kindern einen großen literarischen Reichtum / Schatz hinterlassen hat.

---

72 Vgl. S. Haywood in E.K. Jahrbuch Bd. 4, S. 46
73 Ebd. S. 47
74 Vgl. T. Siemer in „Von Emil bis Fabian", S. 66

5. Literatur:

– Doderer, Klaus: Erich Kästner; Lebensphasen – politisches Engagement – literarisches Wirken. Weinheim und München 2002.

– Fischer, Gerhard (Hg.): Erich Kästner Jahrbuch Bd. 4. Kästner-Debatte.
Kritische Positionen zu einem Kontroversen Autor. Königgshausen & Neumann, Würzburg 2004.

– Haywood, Susanne: Kinderliteratur als Zeitdokument: Alltagsnormalität der Weimarer Republik in Erich Kästners Kinderromanen, Peter Lang-Verlag, Frankfurt 1998.

– Hübener, Andrea: Erich Kästners Kinder- und Jugendbücher in der Grundschule und Sekundarstufe I. Kinder- und Jugendliteratur im Unterricht Bd. 4. Baltmannsweiler 2006.

– Kästner, Erich: Das doppelte Lottchen. 150. Auflage. Dressler Verlag, Pößneck 1999.

– Kästner, Erich: Kästner für Kinder (Emil und die Detektive), Zürich 1985.

– Meier, Bernhard (Hg.): Von Emil bis Fabian. Baltmannsweiler 2006.

– Richter, Katrin: Kinderliteratur im Literaturunterricht der Grundschule. Befunde Konzepte – Modelle. 2. erweiterte Auflage. Baltmannsweiler 2007.

– Vogel, Harald: Erich Kästner lesen. Schneider Verlag GmbH. Hohengehren 1999.